Nelli Bolgert & Ralph Krumbacher

Pompon-Spaß

mit Lissi und Lukas

OZ creativ

Liebe Kinder!

Aus kuscheligen Pompons lassen sich tolle Sachen herstellen. Nach den einfachen Anleitungen in diesem Buch entstehen nicht nur viele lustige Tiere und Figuren, sondern auch besonders hübscher Schmuck wie Halsketten, Armbänder und Haarspangen.

Wie die Pompons gemacht werden, erfahrt ihr in einem ausführlichen Grundkurs am Anfang des Buches. Für die Herstellung könnt ihr fertige Schablonen verwenden, die es als Pompon-Set zu kaufen gibt. Ihr könnt aber natürlich auch eure eigenen Schablonen aus Pappe herstellen. Wie das geht, steht ebenfalls im Grundkurs.

Ihr braucht gar nicht viel Material, um einen Pompon zu wickeln. Meistens reicht ein halbes Knäuel Wolle. Die wenigen Materialien und Werkzeuge, die vonnöten sind, seht ihr auf Seite 6 und 7. In den Materiallisten der Anleitungen werden die Dinge aufgeführt, die ihr für das jeweilige Projekt außerdem benötigt.

Jetzt wisst ihr schon alles, was wichtig ist, um endlich loslegen zu können.

Wir wünschen euch viel Spaß mit den Anleitungen in diesem Buch und hoffen,
dass ihr schon bald tolle eigene Ideen umsetzen werdet!

Nelli Bolgert & Ralph Krumbacher

Inhaltsverzeichnis

Hallo, liebe Leute! Hier kommt der große Pomponspaß mit Lissi ...

... und Lukas! Das sind wir! Kommt mit uns!

Material

Aus diesen Sachen machen wir tolle Pompontiere und -figuren.

Filz

Silberfaden

Goldfaden

Chenilledraht

Synthetikwolle

fertige Pompons

Perlenkette

Schlüsselringe

Goldperlen und Strass-Steinchen zur Verzierung

Moosgummi

Holzperlen

Wackelaugen

Werkzeug

Schere

kurze und lange Nadeln

Klebstoff

Moosgummi-Kleber

Blumendraht

feiner Draht

Filzstift

Schablonen-Sets für 3, 4,5 und 5,5 cm große Pompons

Mmh, wie aus den Schablonen wohl Pompons werden?

Grundkurs Pompons wickeln

So fängst du an!

1. Mit fertigen Pomponschablonen gelingen dir die Pompons im Handumdrehen! Zuerst legst du jeweils zwei zusammengehörige Schablonenteile aufeinander. Die Stege zum Zusammenstecken zeigen dabei nach außen.

2. Dann umwickelst du den Halbkreis mit Wolle. Der Wollfaden soll möglichst gleichmäßig und in festen, dichten Schlingen gewickelt werden.

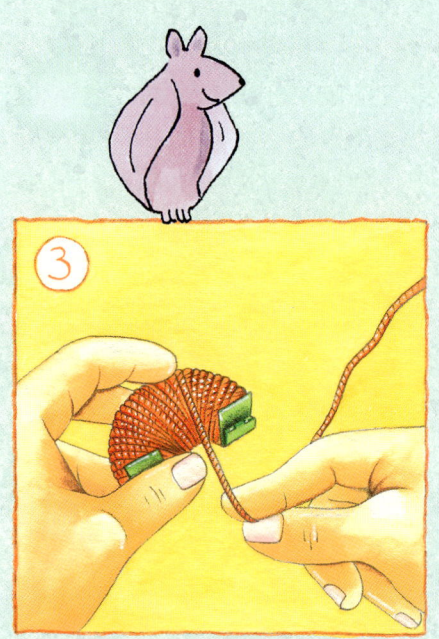

3. Du wickelst so lange, bis die Schablonenhälfte ausgefüllt ist. Anschließend nimmst du die beiden anderen Schablonenteile und umwickelst sie genauso. Wenn du einen neuen Faden ansetzen musst, legst du das Fadenende an die Außenkante der Schablone.

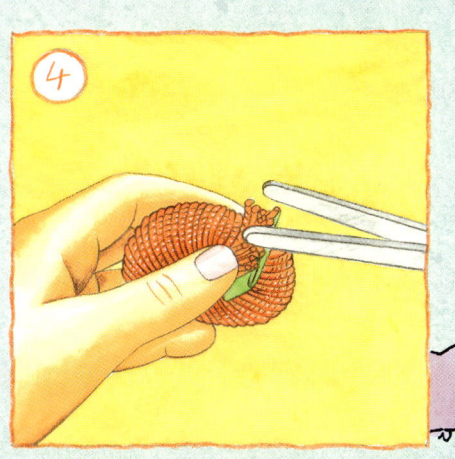

4. Sind beide Schablonenhälften gefüllt, schneidest du den Faden vom Wollknäuel ab. Dann steckst du die beiden Schablonenhälften an den Stegen zusammen. Schneide die Wolle mit einer spitzen Nagelschere zwischen den Schablonenteilen rundherum auf.

5. Jetzt nimmst du einen Abbindefaden aus gleichfarbiger Wolle und ziehst ihn zwischen den Schablonen in den Spalt ein. Verknote ihn gut, am besten doppelt. Dann entfernst du vorsichtig die Schablone.

Guck mal, Lukas, Pompons wickeln ist gar nicht schwer!

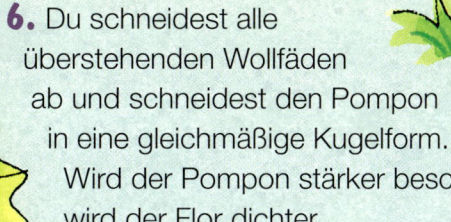

Ich kann aber auch mich einwickeln! Das ist auch nicht schwer!

6. Du schneidest alle überstehenden Wollfäden ab und schneidest den Pompon in eine gleichmäßige Kugelform. Wird der Pompon stärker beschnitten, wird der Flor dichter.

So wickelst du halbe Pompons:

7. Um halbe Pompons herzustellen, schiebst du einen vorgebogenen feinen Draht (Ø 0,25–0,4 mm) in den Spalt zwischen den Schablonenteilen.

8. Dann verdrehst du die Drahtenden miteinander. Schneide die Wollschlaufen auf und binde sie nochmals mit einem Wollfaden ab, wie es auf Seite 9 in Schritt 4 und 5 beschrieben wird.

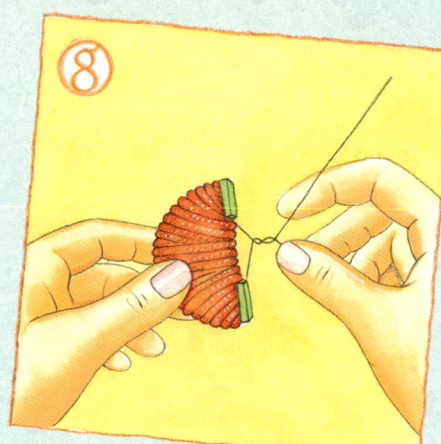

Du musst so lange wickeln, bis die Schablone ganz voll ist.

Wie? Was? Das ist gar nicht so einfach.

Mehrfarbige Pompons gehen so:

9. Für mehrfarbige Pompons wickelst du den Wollfaden bis zur Mitte der Schablonenhälfte. Dann machst du mit der Wolle in der anderen Farbe weiter und umwickelst die Schablonenhälfte bis zum Ende.

Pompons auffädeln:

10. Um Pompons aneinanderzunähen, ziehst du einen Faden mit der Nadel von einem Pompon durch den nächsten. Dann ziehst den Faden in umgekehrter Richtung wieder zurück und verknotest ihn.

Pompons kannst du auch mithilfe von Pappscheiben wickeln:

11. Pompons lassen sich auch mit runden Pappscheiben herstellen. Zeichne einen Kreis auf feste Pappe. In die Mitte dieses Kreises zeichnest du noch einen Kreis. Schneide nun den äußeren und den inneren Kreis aus. Für einen Pompon brauchst du zwei Scheiben.
Hier siehst du Größen, die du für die Pompons in diesem Buch brauchst. Für die anderen kannst du Pompon-Sets verwenden.

2 cm

2,5 cm

3,5 cm

Jetzt haben wir schon eine ganze Menge Pompons gewickelt.

Und was machen wir jetzt mit denen?

12. Lege die Pappscheiben aufeinander. Wickle mit einer Nadel einen Wollfaden möglichst gleichmäßig und in festen, dichten Schlingen um die Scheiben.

13

Kugelköpfe

Das brauchst du:

- ½ Knäuel Synthetikwolle in Rot, Hellblau und Gelb
- je 2 Wackelaugen, Ø 12 mm
- Moosgummi in Schwarz, Mittelblau und Rosa
- 2 fertige Pompons in Rot, Ø 5 mm
- Alleskleber

 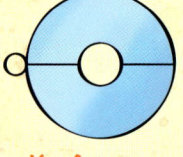 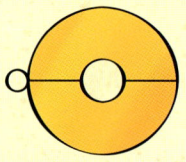

Kopf 4,5 cm   Kopf 4,5 cm   Kopf 4,5 cm

So geht's:

Mit der Pomponschablone (Ø 4,5 cm) fertigst du die Pompons in Rot, Hellblau und Gelb.

Übertrage die Vorlagen für Füße und Mund auf Moosgummi und schneide sie aus.

Füße   Mund

Pompon wickeln, Augen und Füße aufkleben ... das kann ich.

Für die Haarschleife des gelben Kugelkopfs nimmst du zwei Fäden und wickelst sie einmal um zwei Finger. Dann bindest du die Schlaufen mittig mit einem zweiten Faden ab, sodass eine Schleife entsteht.

Ziehe die beiden Enden des Abbindefadens mit einer Nadel von oben nach unten durch den Pompon. Verknote die Fadenenden und schneide den Fadenrest ab.

Lege jeweils zwei Füße etwas schräg nebeneinander und klebe sie unter den Pompon. Zum Schluss bringst du mit Alleskleber die Wackelaugen an sowie die Pomponnase oder den Mund aus Moosgummi.

Hübsch sieht es aus, wenn du für deine kugeligen Freunde Wolle
in den drei Grundfarben Rot, Gelb und Blau verwendest.

Mäusefamilie

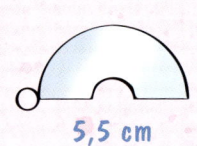

Das brauchst du:

- ½ Knäuel Synthetikwolle in Weiß, Hellblau und Grau
- Moosgummi in Weiß und Grau
- Filz in Rosa, 2 mm stark
- fertige Pompons in Rosa, Ø 5 mm
- je 2 Holzperlen in Rot und Schwarz, Ø 3 mm
- Alleskleber

5,5 cm

So geht's:

Wie auf Seite 10 erklärt, stellst du mithilfe der Schablone (Ø 5,5 cm) einen halben Pompon her. Schneide den Pompon so zurecht, dass eine ovale Form entsteht.

Dann überträgst du die Vorlagen auf Moosgummi bzw. Filz und schneidest alle Teile aus. Klebe zunächst den ovalen Moosgummiboden unter den Pompon.

Schnauze

Ohr 2x

Schwanz

Boden

> Mäuse aus halben Pompons: das geht schnell und leicht!

Jetzt kannst du die anderen Teile ankleben. Ziehe dabei die Wolle immer etwas auseinander und klebe Ohren, Schnauze und Schwanz zwischen die Wollfäden. Den fertigen Pompon in Rosa klebst du als Nase auf die Schnauze. Zum Schluss bringst du die Holzperlen als Augen mit Alleskleber an.

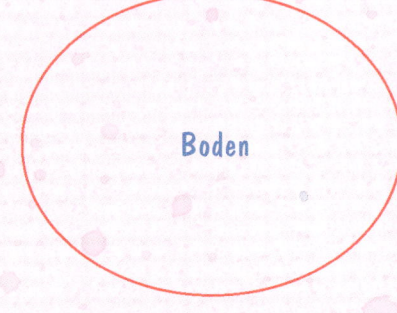

Am besten produzierst du gleich eine ganze Mäusefamilie
aus weißer, grauer und hellblauer Wolle.

Pompons auf Stiften

Das brauchst du:

- ½ Knäuel Synthetikwolle in Rosa, Türkis und Lila
- je 2 Wackelaugen, Ø 12 mm
- Moosgummi in Rosa, Türkis und Lila
- fertigen Pompon in Weiß, Ø 5 mm
- 3 Buntstifte in verschiedenen Farben
- 1 Strass-Steinchen
- Alleskleber

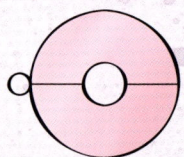

Kopf 5,5 cm

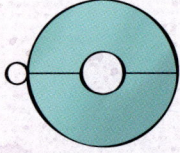

Kopf 5,5 cm

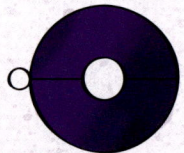

Kopf 5,5 cm

So geht's:

Mithilfe der Pomponschablone stellst du Pomponkugeln (Ø 5,5 cm) in Rosa, Türkis und Lila her.

Übertrage die Vorlagen für Ohren, Schleifen und Mund auf Moosgummi und schneide sie aus.

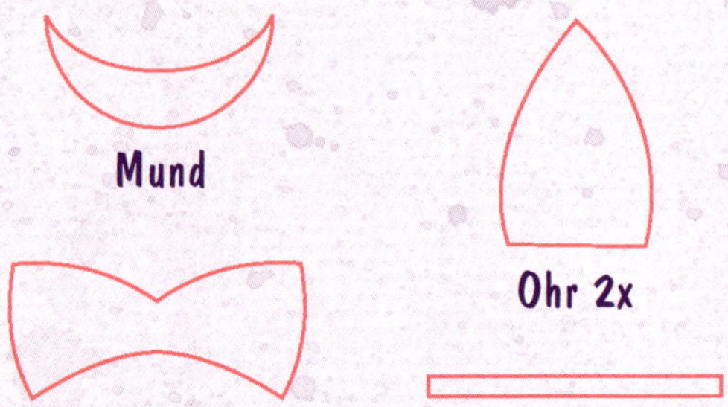

Mund

Ohr 2x

1. Schleife

2. Schleife 3x

> Mit diesen Stifteköpfen bist du der Star in der Schule!

Mit Alleskleber bringst du die Wackelaugen, die Schleifen, den fertigen Pompon, das Strass-Steinchen sowie Ohren und Mund an den Pomponkugeln an.

Ziehe an der Unterseite jedes Pompons die Wolle etwas auseinander, sodass ein Loch entsteht. In dieses gibst du ein bisschen Kleber und drückst dann das Stiftende in das Loch hinein.

Sehen deine Buntstifte ein bisschen langweilig aus?
Dann schmücke sie doch mit diesen lustigen Pomponköpfen!

Kugelfische

Das brauchst du:

- ½ Knäuel Synthetikwolle in Weiß, Hellblau, Hellgrün und Grasgrün
- Filz in Hellgrün und Hellblau
- je 2 Wackelaugen, Ø 1,3 cm
- fertige Pompons in Rot, Ø 5 mm und 7 mm
- Silberfaden, 3–4 m lang
- Alleskleber

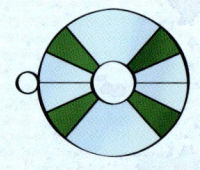

5,5 cm

5,5 cm

So geht's:

Mithilfe der Pomponschablone stellst du mehrfarbige Pompons (Ø 5,5 cm) her. Für einen Fisch verwendest du die Farben Hellgrün und Weiß und umwickelst mit jeder Farbe eine halbe Schablone. Für den anderen wickelst du, wie auf der Zeichnung zu sehen, abwechselnd mit Hellblau und Grasgrün.

Übertrage die Vorlagen für die Flossen auf Filz und schneide sie aus. Dann klebst du die Rücken-, Schwanz- und Bauchflosse an den Pompon.

Rückenflosse

Bauchflosse　　**Schwanzflosse**

Für den Mund bringst du die fertigen roten Pompons in zwei verschiedenen Größen mit Alleskleber an. Klebe dann die Wackelaugen auf.

Als Aufhängefaden dient ein Stück Silberfaden, den du mit einer Nadel durch den Fischkörper ziehst.

Tipp: Wenn du mehrere Fische an ein Holzkreuz bindest, entsteht ein tolles Mobile.

Hallo, ihr lustigen Fische!

Die Fische sehen besonders gut aus, wenn du die Pompons
aus Wolle in zwei oder mehr Farben herstellst.

Marienkäfer

Das brauchst du:

- ½ Knäuel Synthetikwolle in Schwarz und Rot
- je 2 Wackelaugen, Ø 4 mm
- Moosgummi in Schwarz
- Blütenstempel in Schwarz
- Alleskleber

Körper 5,5 cm

Kopf 2,5 cm

So geht's:

Für den Marienkäfer fertigst du zwei verschieden große Pompons. Für den zweifarbigen Körper stellst du einen halben Pompon her mithilfe einer Pomponschablone (Ø 5,5 cm). Umwickele dabei, wie auf der Zeichnung zu sehen, ein Viertel der Schablone wechselweise mit Rot und Schwarz. In der folgenden Runde wird versetzt gewickelt. So entstehen die schwarzen Punkte.

Dann schneidest du zwei Pappringe (Ø 2,5 cm) zu und fertigst ebenfalls einen halben Pompon in Schwarz.

Jetzt wickeln wir ein Muster. Das ist gar nicht schwer.

Nun überträgst du die Vorlage für die Körperform auf Moosgummi und schneidest sie aus. Mit Alleskleber befestigst du die beiden halben Pompons auf dem Moosgummi.

Körper

Jetzt musst du nur noch die Wackelaugen anbringen und die Blütenstempel als Fühler ankleben.

Um die schwarzen Punkte des Marienkäfers zu erzeugen,
wickelst du wechselweise und versetzt mit Rot und Schwarz.

Pompon-Anhänger

Das brauchst du:

- ½ Knäuel Synthetikwolle in Hellbraun, Dunkelbraun und Weiß
- je 2 Wackelaugen, Ø 3 mm und 5 mm
- Filz in Mittelbraun, Dunkelbraun, Rosa, Weiß und Schwarz, 2 mm stark
- fertigen Pompon in Weiß, Ø 20 mm
- fertigen Pompon in Hellbraun und Schwarz, Ø 8 mm
- Faden in Rot und Schwarz
- Schlüsselring
- Perlenkette in Schwarz, 18 cm lang
- Alleskleber

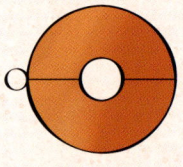 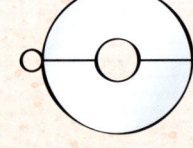 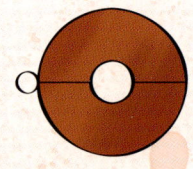

Kopf 5,5 cm   Kopf 5,5 cm   Kopf 5,5 cm

So geht's:

Zunächst stellst du Pompons (Ø 5,5 cm) in der gewünschten Farbe her.

Dann überträgst du die Vorlagen für die Ohren, die Haarkränze des Affen und die Augenkreise des Pandabären auf Filz und schneidest sie aus.

Affe
Ohr 2x

Pandabär
Auge 2x

Haarkranz

Ohr 2x

Den fertigen weißen Pompon klebst du als Schnauze unterhalb der Mitte des Kopfes an. Für den Mund befestigst du ein Stück Faden in Rot oder Schwarz mit Alleskleber auf dem weißen Pompon. Jetzt klebst du die Augenkreise sowie die Wackelaugen und die Pomponnase an.

 Lege die beiden Haarkränze des Affen aufeinander und bringe sie an der Oberseite an.

Dann klebst du die Teile der Ohren zusammen und befestigst sie an den Seiten des Pompons.

Bär
Ohr 2x

Bringe den Schlüsselring oben am Kopf an. Oder du ziehst mit einer Nadel ein Stück Faden durch den Pompon hindurch, fädelst ihn durch die Perlen der Perlenkette und führst ihn zurück durch den Pompon. Die Fadenenden gut verknoten.

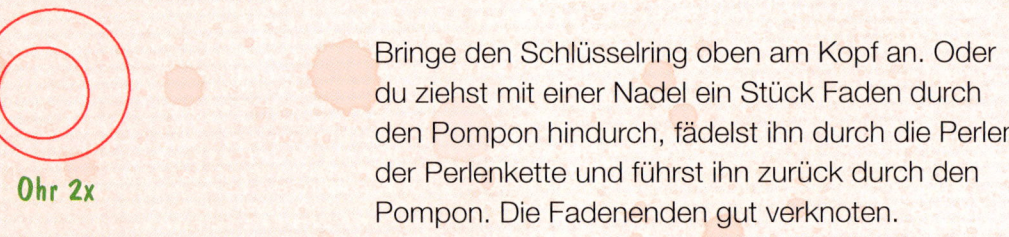

Diese Pompon-Anhänger sind der Hit! Sie können deine Schultasche schmücken und geben auch schöne Schlüsselanhänger ab.

Schildkröten

Durch die fertigen Pompons sind die Schildkröten ganz schnell fertig!

Das brauchst du:

- ½ Knäuel mehrfarbige Synthetikwolle
- je 2 Wackelaugen, Ø 4 mm
- fertigen Pompon in Gelb, Rot und Blau, Ø 20 mm
- je 1 fertigen Pompon in Gelb, Rot und Blau, Ø 18 mm
- 4 fertige Pompons in Gelb, Rot und Blau, Ø 16 mm
- Moosgummi in Rot, Orange und Blau
- Wollfaden in Hellbraun, 50 cm lang
- Alleskleber

Körper 5,5 cm

So geht's:

Zunächst stellst du mithilfe einer Pomponschablone (Ø 5,5 cm) einen halben Pompon für den Schildkrötenkörper her.

Die Vorlage für die Körperform überträgst du auf das Moosgummi und schneidest sie aus.

Dann wickelst du den braunen Wollfaden sternförmig um den Pompon, sodass sich acht Segmente auf dem Rücken der Schildkröte ergeben.

Körper

Klebe den halben Pompon mit Alleskleber auf die Körperform aus Moosgummi. Anschließend bringst du die fertigen Pompons als Beine bzw. Kopf am Körper an.

Befestige die Wackelaugen und sticke einen Mund aus hellbraunem Wollfaden auf.

Ein schöner Effekt ergibt sich, wenn du mehrfarbige Wolle (Multicolorwolle)
für die Schildkrötenkörper verwendest.

Pompon-Schmuck

Das brauchst du:

- 1½ Knäuel Synthetikwolle in Pink und Rosa
- 1 Knäuel Garn in Silber
- Elastikfaden, 0,1 cm stark, ca. 34 cm lang
- 50 Kunststoffkugeln in Lila, Rosa, Gelb und Weiß, Ø 0,6 cm
- ca. 98 Linsenform-Kunststoff-blümchen in Lila, Rosa, Gelb und Weiß, Ø 0,5 cm
- 4 Rundform-Holzperlen in Rosa, Ø 1,2 cm
- Holzperle in Rosa, Ø 1,7 cm
- 2 fertige Pompons in Silber, Ø 2 cm
- Haarspange, ca. 12 cm lang
- Alleskleber

Armband und Halskette

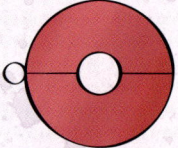

3,3 cm 1x

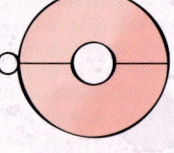

2,5 cm 2x

Haarspange

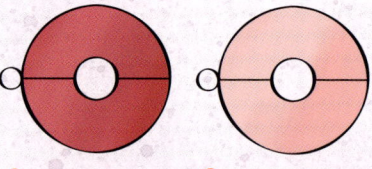

Pompon 4,5 cm   **Pompon 3,3 cm**

So geht's:

Für Armband und Kette stellst du jeweils drei Pompons her. Für den größeren Pompon (Ø 4,5 cm) wickelst du gleichzeitig mit Pink und Rosa, für die kleineren (Ø 3,3 cm) verwendest du nur rosafarbene Wolle.

Fädle die Pompons, Kugeln und Perlen, wie auf der Abbildung zu sehen, mithilfe einer Nadel auf Elastikfaden. Dann verknotest du die Enden und versteckst den Knoten zwischen den Perlen.

Zu beiden Seiten neben den Pompons knotest du Silberfäden als Fransen an.

Für die Haarspange wickelst du zwei halbe Pompons (Ø 3,3 cm) in Rosa und einen Pompon (Ø 4,5 cm) in Pink. Nähe die drei Pompons mit Nadel und Faden zusammen. Dabei liegt der größte Pompon in der Mitte.

Führe einen Faden in der passenden Farbe durch jeden der drei Pompons, umwickele damit die Haarspange und verknote die Fadenenden. Neben den rosafarbenen Pompons klebst du je einen fertigen Pompon in Silber mit Alleskleber auf. Auf der Oberseite des mittleren Pompons nähst du die Holzperle (Ø 1,7 cm) an.

> Haarschmuck ist was für Mädchen! Ich spiele lieber mit den Pompons.

Ganz kuschelig fühlt sich das an, wenn du Halskette und Armband umlegst
und die weichen Pompons auf deiner Haut spürst.

Küken-Duo

Das brauchst du:

- ½ Knäuel Synthetikwolle in Gelb und Hellgelb
- je 2 Wackelaugen, Ø 8 mm
- Filz in Hellorange, Rot und Hellgrün
- Chenilledraht in Hellgelb, Ø 8 mm, 6 cm lang
- Wollfaden in Gelb, 5 cm lang
- Alleskleber

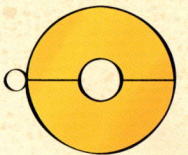

Kopf 4,5 cm

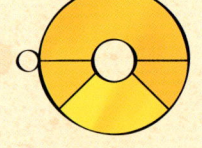

Körper 3,5 cm

So geht's:

Mit der kleineren Pomponschablone (Ø 3,5 cm) fertigst du zwei Pomponkugeln für den zweifarbigen Körper an. Mit der größeren Pomponschablone (Ø 4,5 cm) wickelst du für jedes Küken außerdem einen Kopf.

Den gelben Wollfaden ziehst du mit einer Nadel von oben nach unten durch beide Pompons hindurch, führst ihn wieder zurück und verknotest dann beide Enden oben am Kopf.

Den Chenilledraht für die Beine bringst du unten mit Alleskleber an.

Übertrage die Vorlagen für Kamm, Füße, Schnabel, Flügel, Fliege und Krawatte auf Filz in der jeweiligen Farbe und schneide die Formen aus. Dann klebst du sie ebenso wie die Wackelaugen an.

Sind die Küken nicht süß!

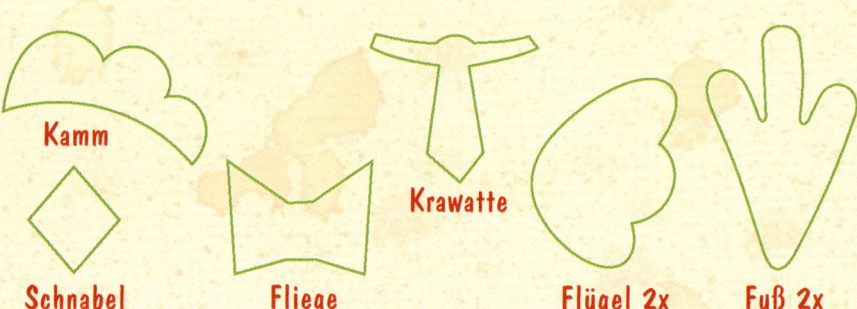

Kamm

Schnabel

Fliege

Krawatte

Flügel 2x

Fuß 2x

Küken sind nicht gern allein!
Am besten wickelst du gleich mehrere auf einmal.

Spinnen

Das brauchst du:

- ½ Knäuel Synthetikwolle in Hellbraun, Hellgelb, Gelb, Dunkelblau und Hellblau
- je 2 ovale Wackelaugen, 8 mm lang
- 2 fertige Pompons in Rot, Ø 5 mm
- je 8 fertige Pompons in Hellblau und Hellgelb, Ø 5 mm
- je 2 Chenilledrähte in Schwarz und Dunkelblau, Ø 8 mm Durchmesser, 50 cm lang
- Silberfaden, 30 cm lang
- Alleskleber

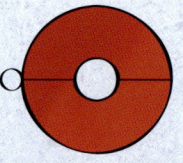

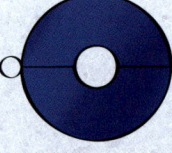
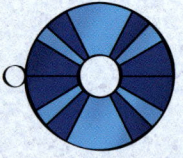

Kopf 3,3 cm   **Körper 5,5 cm**   **Kopf 3,3 cm**   **Körper 5,5 cm**

So geht's:

Für die Spinnenbeine schneidest du aus Chenilledraht acht 2,5 cm lange Stücke zu.

Mit der kleineren Pomponschablone (Ø 3,3 cm) wickelst du in Hellbraun den Kopf. Für den Körper fertigst du einen Pompon mithilfe der größeren Pomponschablone (Ø 5,5 cm): Für die erste Hälfte verwendest du Braun, für die andere Hälfte Hellgelb, Gelb und Braun wie auf der Zeichnung zu sehen. Dann fügst du beide Hälften zu einer Pomponkugel zusammen.

Den Silberfaden ziehst du mit der Nadel von unten nach oben durch die zwei Pomponkugeln hindurch. Unterhalb bringst du einen Knoten und oberhalb eine kleine Schlinge an.

Die Spinnenbeine aus Chenilledraht klebst du an den Körper. Als Spinnenfüße klebst du die kleinen fertigen Pompons (Ø 5 mm) an. Für die Nase nimmst du einen kleinen roten Pompon (Ø 5 mm) – jetzt fehlen nur noch die Wackelaugen!

Auf die gleiche Weise kannst du die gestreifte Spinne in Blau herstellen.

> Hilfe, Spinnen! Ich kann gar nicht hinsehen!

Das sind nette Spinnen. Verwendest du nur schwarze Wolle,
sehen sie bestimmt gefährlicher aus.

Raupen

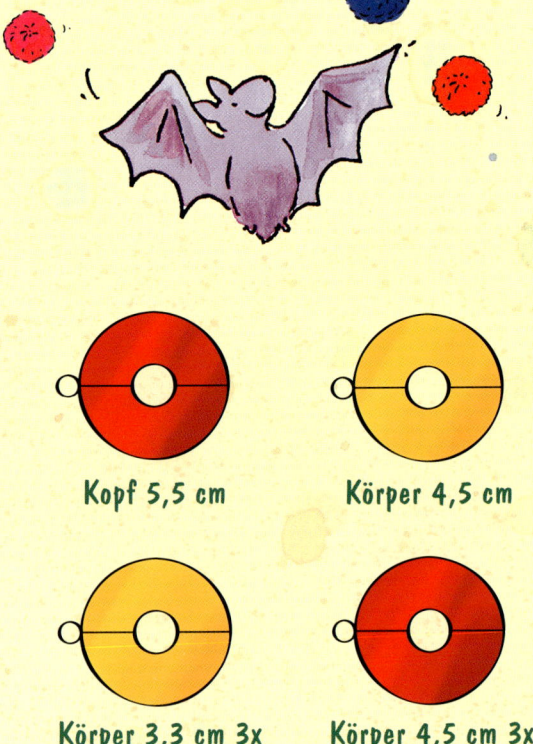

Das brauchst du:

- ½ Knäuel Synthetikwolle in Rot, Gelb, Blau und Hellblau
- Filz in Rosa, 2 mm stark
- Moosgummi in Weiß und Schwarz
- je 2 Wackelaugen, Ø 10 mm
- je 2 fertige Pompons in Grün, Ø 8 mm
- Holzperlen in Rot, Ø 5 mm
- Wachsperlen in Gold, Ø 5 mm
- Metalldraht in Grün, Ø 0,5 mm, ca. 12 cm lang
- Nadel, 10 cm lang
- Alleskleber
- Lackstift in Weiß

Kopf 5,5 cm

Körper 4,5 cm

Körper 3,3 cm 3x

Körper 4,5 cm 3x

So geht's:

Bei der rot-gelben Raupe wickelst du für den Kopf einen großen Pompon in Rot (Ø 5,5 cm). Für den Körper brauchst du drei mittlere Pompons in Rot und einen in Gelb (Ø 4,5 cm). Außerdem benötigst du drei kleinere gelbe Pompons (Ø 3,3 cm). Genauso gut kannst du natürlich auch in Hellblau und Blau arbeiten.

Mit der Nadel führst du einen langen Faden von hinten nach vorn durch alle Pompons hindurch und wieder zurück. Die Enden verknotest du.

Die Raupen aus vielen Pompons gehen gemeinsam am schnellsten!

**Je mehr Pompons du wickelst,
desto länger werden deine Raupen.**

Die Vorlagen für die Mundpunkte überträgst du auf Filz, schneidest sie aus und klebst sie auf. Die restlichen Vorlagen überträgst du auf Moosgummi, schneidest sie aus und bringst sie ebenfalls an. Für die Augen befestigst du zwei grüne Pomponkugeln und malst die Pupille auf.

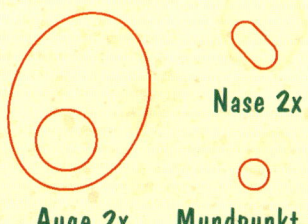

Nase 2x

Auge 2x   Mundpunkt 2x

Die Fühler biegst du aus Metalldrahtstückchen und beklebst jeweils ein Ende mit einer Perle. Anschließend steckst du die Fühler in den Kopf-Pompon und fixierst sie mit etwas Alleskleber. Auch der Schwanz besteht aus einem geringelten Drahtstück.

Hasen-Treff

Das brauchst du:

- ½ Knäuel Synthetikwolle in Rosa, Hellblau, Gelb und Weiß
- Filz in Weiß
- Moosgummi in Rosa, Hellblau und Gelb
- je 2 Holzperlen in Schwarz, Ø 2 mm
- je 1 fertiger Pompon in Rot oder Rosa, Ø 5 mm
- je 1 fertiger Pompon in Weiß, Ø 12 mm
- Wollfaden in Rot, 10 cm lang
- Wollfaden in Rosa, 70 cm lang
- Alleskleber

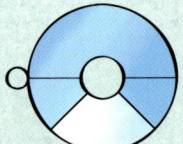
Kopf 5,5 cm

Körper 4,5 cm

Vorderpfoten 2,5 cm 2x

Hinterpfoten 3,3 cm 2x

So geht's:

Für den zweifarbigen Kopf verwendest du die große Schablone (Ø 5,5 cm), für den ebenfalls zweifarbigen Körper die mittlere Schablone (Ø 4,5 cm) und für die zwei Vorderpfoten die kleinste Schablone (Ø 2,5 cm). Wie auf Seite 10 erklärt, wickelst du noch zwei Halbkugeln (Ø 3,3 cm). Das sind die Hinterpfoten.

Lange Ohren — runder Bauch: Fertig ist der Pomponhase!

Um Kopf und Körper zu verbinden, ziehst du einen Wollfaden mit der Nadel vom Körper-Pompon zum Kopf-Pompon hindurch und wieder zurück. Jetzt kannst du die zwei Enden unterhalb des Körpers verknoten. Genauso verbindest du die Vorderpfoten mit dem Körper. Dann ziehst du einen Faden von der einen Hinterpfote durch den Körper zur anderen Hinterpfote und wieder zurück. Auch hier verknotest du die Enden.

Die Vorlagen für Ohren, Füße, Fliege und Lätzchen überträgst du auf Moosgummi, schneidest sie aus und klebst sie an. Die Innenohren sind aus weißem Filz.

Ein vorgefertigter Pompon (Ø 5 mm) dient als Nase und ein weißer Fertigpompon (Ø 12 mm) als Schwanz. Die Schnauze bringst du aus rosafarbener Wolle an. Die Perlen klebst du als Augen auf und bindest dem einen (oder anderen) Hasen eine Wollschleife um.

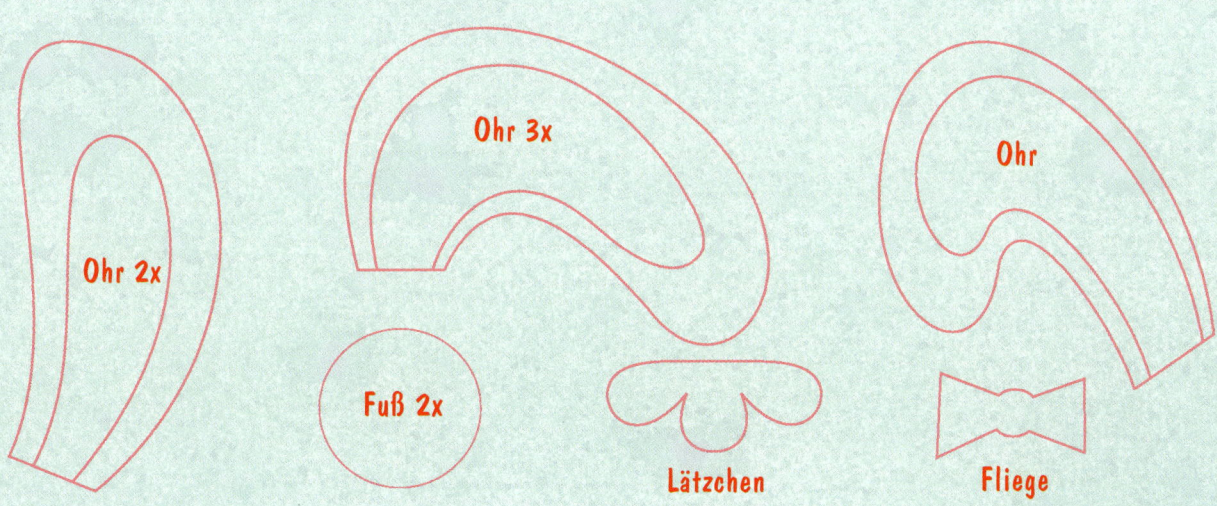

Hase ist nicht gleich Hase: Ohren, Schleifen und Lätzchen
unterscheiden die drei Freunde.

Ohr 3x

Ohr

Ohr 2x

Fuß 2x

Lätzchen

Fliege

Fledermäuse

Das brauchst du:

- ½ Knäuel Synthetikwolle in Hellblau
- je 2 Wackelaugen, Ø 12 mm
- Filz in Hellblau, 20 x 30 cm und Filzreste in Rosa
- je 1 fertiger Pompon in Rot, Ø 8 mm
- Wollfaden in Rot, 2 cm lang
- Garn in Hellblau, 50 cm lang
- Alleskleber

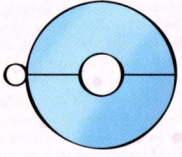
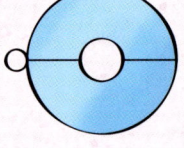
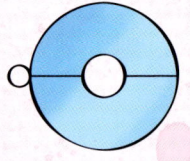

Kopf 5,5 cm   Körper 4,0 cm   Füße 3,3 cm 2x

So geht's:

Den Kopf wickelst du mit der größeren Pomponschablone (Ø 5,5 cm), den Körper mit der mittleren Schablone (Ø 4 cm). Die kleinste Pomponschablone (Ø 3,3 cm) brauchst du für die zwei Füße.

Dann überträgst du die Vorlagen für Flügel und Ohren aus Filz und schneidest sie aus.
Den Flügel schneidest du aus doppelt gelegtem Filz aus. Die gestrichelte Linie ist die Faltkante. Hier legst du deine Vorlage an.

Um Kopf und Körper zu verbinden, ziehst du den Garnfaden durch Körper und Kopf von oben nach unten und dann wieder zurück. Jetzt kannst du die beiden Fadenenden verknoten.

Bruch

Ohr 2x

Flügel

Als Nächstes klebst du die Flügel an den Körper und nähst an deren Unterkante die Fußkugeln. Nun bringst du die Ohren an. Ziehe hierbei die Pomponwolle etwas auseinander, um die Ohren beidseitig anzukleben. Jetzt fehlen nur noch Wackelaugen, Nase (fertiger Pompon, Ø 8 mm) und Mund (roter Wollfaden), die du ebenfalls anklebst.

Diese Fledermäuse machen auch bei Tage eine gute Figur.

Frösche

> Frösche aus Pompons sind weich und wollig und gar nicht glitschig!

Das brauchst du:

- ½ Knäuel Synthetikwolle in Dunkelgrün, Hellgrün, Rosa und Mittelblau
- je 2 Wackelaugen, Ø 10 mm
- Moosgummi in Hellgrün und Rosa
- je 2 fertige Pompons in Dunkelgrün, Ø 1,7 cm
- Wollfaden in Rot
- Alleskleber

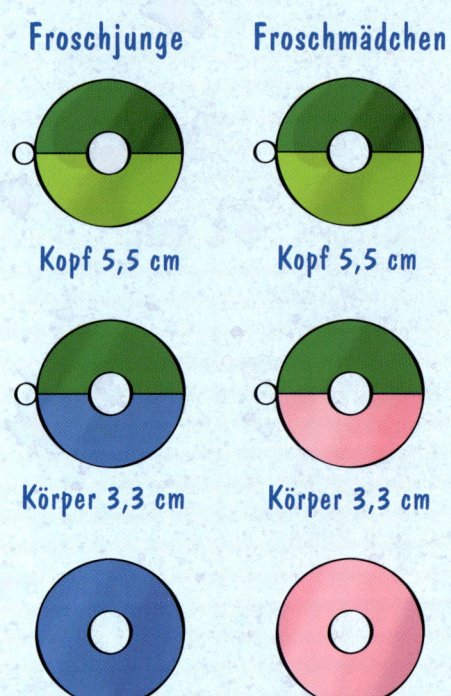

Froschjunge

Kopf 5,5 cm

Körper 3,3 cm

Beine 2,0 cm 2x

Froschmädchen

Kopf 5,5 cm

Körper 3,3 cm

Beine 2,0 cm 2x

So geht's:

Für den Kopf des Froschjungen stellst du einen zweifarbigen Pompon (Ø 5,5 cm) in Hellgrün und Dunkelgrün her. Für den Körper wickelst du einen Pompon (Ø 3,3 cm) in Dunkelgrün und Mittelblau. Für die Beine fertigst du zwei Pompons (Ø 2,0 cm) in Mittelblau.

Übertrage die Vorlagen für Hände und Füße auf Moosgummi und schneide sie aus.

Ziehe mit der Nadel einen Faden von oben nach unten durch Kopf und Körper, dann wieder nach oben zurück und verknote ihn.

Nähe die zwei mittelblauen Pompons unten an den Körper. Klebe daran die Füße und an den Körper die Hände.

Befestige zwei fertige Pompons am Kopf und klebe darauf zwei Wackelaugen. Klebe ein Stück roten Wollfaden als Mund auf.

Das Froschmädchen arbeitest du genauso. Dabei brauchst du für den Körper einen Pompon in Dunkelgrün und Rosa und für die Beine zwei Pompons in Rosa. Die Schleife arbeitest du nach Vorlage aus Moosgummi in Rosa und klebst sie auf den Kopf.

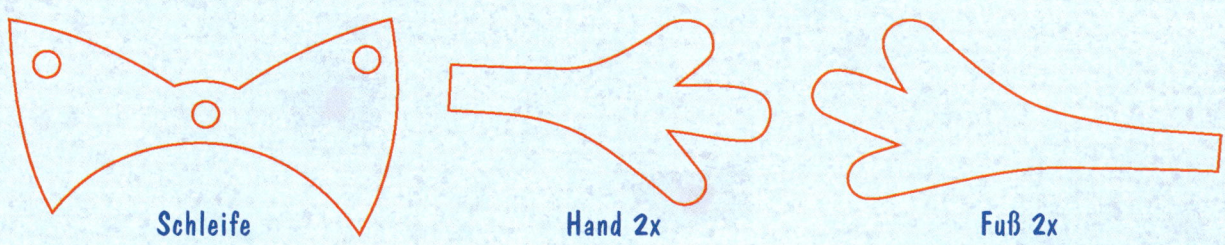

Arbeite doch gleich eine kleine Froschfamilie mit größeren und kleineren Fröschen —
wenn du willst, in mehreren Farben.

Schleife   Hand 2x   Fuß 2x

Teufelchen

Das brauchst du:

- ½ Knäuel Synthetikwolle in Schwarz und Rot
- 2 Wackelaugen, Ø 10 mm
- Moosgummi in Schwarz und Rot
- Chenilledraht in Schwarz und Rot
- Wollfaden in Schwarz, 10–15 cm lang
- Wollfaden in Rot
- Schaschlikspieß
- Alleskleber

Kopf 5,5 cm

Körper 4,5 cm

Füße 3,3 cm 2x

So geht's:

Arbeite aus schwarzer Wolle einen Pompon für den Körper (Ø 5,5 cm), einen für den Kopf (Ø 4,5 cm) und zwei halbe Pompons (Ø 3,3 cm) für die Füße.

Ziehe mit der Nadel einen Faden von oben nach unten durch Kopf und Körper, dann wieder nach oben zurück und verknote ihn.

Schneide je zwei schwarze und rote Chenilledrähte auf 4 cm Länge für die Beine und auf 3 cm für die Arme. Verdrehe je einen Chenilledraht in Schwarz und Rot miteinander. Arbeite nach Vorlage die Hände aus schwarzem Moosgummi und befestige sie an den Armen. Schneide entsprechend der runden Vorlage die Fußsohlen aus schwarzem Moosgummi und klebe sie unter die Füße. Klebe diese an die Beine. Befestige Beine und Arme am Körper.

Schneide für den Schwanz ein Stück schwarzen Chenilledraht ab. Arbeite nach Vorlage das Schwanzende aus rotem Moosgummi, klebe es an den Schwanz und diesen an den Körper.

Befestige roten Chenilledraht als Hörner am Kopf. Arbeite nach Vorlage die Ohren aus schwarzem Moosgummi und klebe sie an den Kopf.

Klebe an den Kopf die Wackelaugen und einen roten Wollfaden als Mund.

Kürze den Schaschlikspieß auf 10 cm. Bestreiche ihn mit Alleskleber und umwickle ihn mit schwarzer Wolle. Fertige nach Vorlage einen Dreizack aus schwarzem Moosgummi, befestige ihn am Spieß und klebe diesen an eine Hand.

Das Teufelchen kannst du als Glücksbringer verschenken
oder selber behalten.

Hand 2x   Fußsohle 2x   Schwanzende   Ohr 2x   Dreizack

Nilpferd

Das brauchst du:

- ½ Knäuel Synthetikwolle in Dunkellila und Helllila
- 2 Wackelaugen, Ø 10 mm
- Moosgummi in Dunkellila und Helllila
- Filz in Rot und Hellrosa
- Wollfaden in Schwarz
- Alleskleber

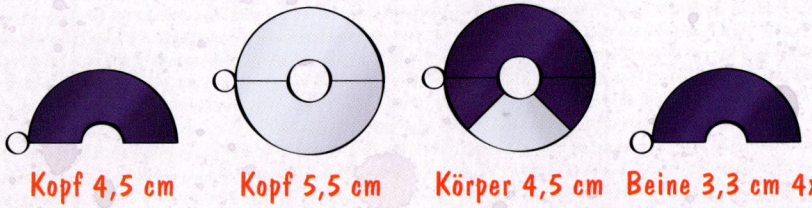

Kopf 4,5 cm   Kopf 5,5 cm   Körper 4,5 cm   Beine 3,3 cm 4x

So geht's:

Für den Kopf arbeitest du einen Pompon in Helllila (Ø 5,5 cm) und einen halben Pompon in Dunkellila (Ø 4,5 cm). Für den Körper brauchst du einen zweifarbigen Pompon in Hell- und Dunkellila (Ø 4,5 cm). Für die Beine wickelst du vier halbe Pompons in Dunkellila (Ø 3,3 cm).

Lege den halben Kopf-Pompon auf den ganzen Kopf-Pompon. Ziehe mit der Nadel einen Faden von oben nach unten durch beide Pompons, dann wieder nach oben zurück und verknote ihn.

Lege die oberen Beine an den Körper und ziehe mit der Nadel einen Faden vom Bein durch den Körper-Pompon und das andere Bein. Drehe die halben Pompons dabei so, dass die flache Seite nach vorne zeigt. Ziehe den Faden wieder zurück durch das erste Bein und verknote ihn. Genauso bringst du die unteren Beine an.

Hier, Lukas, das Nilpferd ist für dich.

Oh, ist das süß! Danke!

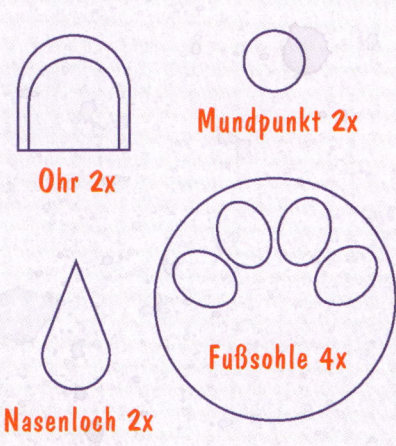

**Nellie das Nilpferd wirst du bestimmt
zum Knuddeln lieb haben!**

Lege den Kopf auf den Körper. Ziehe mit der Nadel
einen Faden von oben nach unten durch, dann
wieder nach oben und verknote ihn.

Klebe einen schwarzen Wollfaden als Mund auf.
Arbeite nach Vorlage die Nasenlöcher und Punkte
für den Mund aus Filz in passenden Farben und
klebe sie auf. Arbeite nach Vorlage Ohren und
Fußsohlen aus Moosgummi in passenden Farben.
Klebe sie auf, genauso wie die Wackelaugen.

Ohr 2x

Mundpunkt 2x

Nasenloch 2x

Fußsohle 4x

Schreiben Sie uns,
wir sind für Sie da!

Sie haben Fragen zu Materialien, Anleitungen oder einer Kreativtechnik? Ganz gleich, ob Basteln, Malen oder Handarbeiten: Wir helfen Ihnen weiter!

service-hotline@oz-verlag.de

OZ-Verlags-GmbH • Leser-Service • Römerstraße 90 • D-79618 Rheinfelden • Fax: 076 23 / 96 46 44 49

Impressum

Entwürfe und Realisation: Nelli Bolgert, Ralph Krumbacher

Lektorat: 360°, Berlin

Redaktion: Angelika Klein

Fotos: Uli Glasemann

Styling: Elke Reith

Umschlaggestaltung: Aurélie Lambrecht

Layout: art und weise, Freiburg

Produktion: Meyle & Müller, Pforzheim

Druck und Verarbeitung: L.E.G.O. S.p.A. Vicenza, Italy

ISBN 978-3-86673-110-3

Art.-Nr.: 2110

© 2009 in der OZ-Verlags-GmbH, Rheinfelden. Buchverlag OZ creativ, Freiburg i. Br. Alle Rechte vorbehalten.

Hersteller

Garne:

Coats GmbH, Kenzingen (D), www.coatsgmbh.de

Coats Harlander GmbH (A), Wien, www.coatscrafts.at

Coats Stroppel AG, Turgi (CH), www.coatscrafts.ch

Junghans Wollversand GmbH & Co. KG, Aachen, www.junghans-wolle.de

Lana Grossa GmbH, Gaimersheim, www.lanagrossa.de

Lang Yarns, Korschenbroich, www.langyarns.ch

ONline Klaus Koch GmbH, Stadtallendorf, www.online-garne.de

Schoeller + Stahl, Süssen, www.schoeller-und-stahl.de

Nadeln, Pompon-Sets

Clover Euro GmbH, www.clover-euro.de

Prym Consumer GmbH, Stollberg, www.prym-consumer.de

Knöpfe, Perlen und Bastelzubehör

Rayher Hobby GmbH, Laupheim www.rayher-hobby.de

Gütermann creative – KnorrPrandell GmbH, Lichtenfels www.guetermann.com